Pierre Franckh

Glückskarten für Liebe und Sex

Das sinnliche Beziehungsspiel in mehreren Stufen

Spielregeln

Allegria

Allegria ist ein Verlag
der Ullstein Buchverlage GmbH, Berlin
Herausgeber: Michael Görden

Umschlaggestaltung: FranklDesign, München
Titelabbildung: © PhotoAlto 2001
Herz-Illustration: www.artshivananda.com
Gesetzt aus der Rotis Serif
Druck und Bindearbeiten:
Spielkartenfabrik Altenburg GmbH
Printed in Germany
ISBN-13: 978-3-7934-2045-3
ISBN-10: 3-7934-2045-0

Wahre Kommunikation geht immer in die Tiefe unserer Seele. Kommunikation über unseren eigenen Sex trifft immer auch unser Herz und befreit uns von unnötigen Ängsten. Kommunikation schafft Vertrauen und Nähe. Ich darf so denken, ich darf so fühlen, ich darf so sein.

Diese Karten sind eine einfache Anleitung, auf spielerische Art zu mehr Kommunikation, Vertrauen und Spaß mit dem Partner zu finden. Sie sind ein Schlüssel zu einem lustvollen Umgang mit unserer Intimität.

Bevor ihr anfangt...

Für alle Stufen der Partnerschaft. Von erfrischend neu – bis gut vertraut. Zwei Spieler, ein Ziel.

Ziel des Spiels ist, sich gegenseitig auf allen Ebenen besser kennen zulernen: seelisch, geistig, körperlich.

Auf welchen Stufen sie sich näher kommen wollen, bestimmen die Spieler vor Spielbeginn selbst.

Die Karten sind nach Nummern und Farben geordnet.

Was wollt ihr im Spiel zulassen? Was nicht? Ihr könnt bestimmte Farben erst einmal weglassen und euch für ein späteres Spiel aufheben. Oder ihr sucht euch die Farben aus, die gerade am besten zu eurer Stimmung und eurer Beziehung passen.

Entscheidet euch, mit welchen Jokern ihr spielen wollt. Die Anweisungen zu den Jokern findet ihr auf der letzten Seite. Mischt die Joker unter die Farbe, mit der ihr euch entschieden habt anzufangen. Ausgespielte Joker könnt ihr dann unter die nächste Farbe mischen, mit der ihr spielt.

DIE GRÜNEN

1-20 Für Verliebte, die sich noch nicht so gut kennen aber kennen lernen wollen. (20)

DIE BLAUEN

21-32 Für Verliebte, die sich bereits einige Zeit kennen, nun aber nicht nur seelisch, sondern auch körperlich mehr über den Partner erfahren möchten. (12)

DIE VIOLETTEN

33-40 Partner, die gerne noch nicht Ausgesprochenes über den Anderen erfahren möchten und sich körperlich noch näher kommen wollen. (8)

DIE ROTEN

41-46 Für Paare, die Lust aufeinander haben und sich vor weiteren Herausforderungen nicht scheuen. (6)

DREI JOKER

SPIELREGELN

Die Karten werden nach Farben sortiert, innerhalb der Farben gemischt und verdeckt nach den Farben auf vier Stapel gelegt.

Jeder zieht zu Beginn für sein Gegenüber vier Karten von dem Stapel mit der vereinbarten Farbe und legt sie verdeckt vor ihm aus.

Der Mitspieler deutet auf eine deiner Karten, die er von dir gerne ausgeführt haben möchte. Diese Karte wird umgedreht und die Anleitung laut vorgelesen, die ihr in diesem Heft unter der entsprechenden Kartennummer findet. Man kann sie verweigern und eine neue ziehen. Allerdings darf pro Farbe nur zweimal eine Karte verweigert werden.

Die verweigerte Karte wird zur Seite gelegt und nicht gespielt, außer der Partner bekommt einen Joker, um sie einzufordern. Wer einen Joker zieht, kann ihn sofort spielen oder aufheben und jederzeit bis zum Ende des Spieles einsetzen. Aber nur einmal. Gespielte Joker werden zur Seite gelegt.

Nachdem die erste Karte ausgeführt wurde, ist der Mitspieler an der Reihe.

Sind die ersten vier Karten aufgebraucht, wird jeweils vom Stapel gezogen.

Wenn ihr alle Karten spielen wollt, solltet ihr die Farbenreihenfolge wie folgt beachten: Zuerst werden die **grünen** Karten gespielt, dann folgen **Blau, Violett und zum mutigen Schluß Rot.**

Die **Dauer des Spieles** wird vorher vereinbart.

> Entweder einigt man sich darauf, bis zu welcher Farbe gespielt wird, oder man spielt eine gewisse Anzahl an Karten, oder bis keine Karten mehr übrig sind.

***Die glücklichsten Paare
sind die, die es immer
wieder schaffen,
sich zurückzuerobern,
ohne sich jemals
verlassen zu haben.***

DIE KARTEN

1
Einlassen

Welche Dinge brauchst du, um dich vollständig einlassen zu können?

Erzähle deinem Mitspieler, was für dich alles dazugehört, bevor du mit jemandem ins Bett gehst. Welches Vertrauen mußt du erst entwickeln?

Beschreibe es detailliert, nicht allgemein.

2
Aufklärung

Wer hat dich aufgeklärt und wie?

Kläre deinen Partner auf genau die gleiche Weise auf, wie man es mit dir gemacht hat. Spiele es ihm vor. Mit den gleichen Sätzen, den gleichen Gesten und vielleicht auch den gleichen Peinlichkeiten.

3
Inspiration

Assoziiere, was du auf dieser Karte siehst. Sprich über die Freude und die Lust der beiden Liebenden, ebenso wie über deren eventuelle Ängste und Zaghaftigkeit.

Welche Hoffnungen, welche Befürchtungen haben die Liebenden?

Du hast dafür 3 Minuten.

4
Lachen

Warum sollte dein Mitspieler auf keinen Fall mit dir schlafen?

Erzähle vier Minuten lang, welche Vorzüge dein Partner hätte, wenn er nicht mit dir ins Bett gehen würde.

5
Unverhüllt

Male deinen Mitspieler, wie du ihn dir unbekleidet vorstellst. Spare vor allem die intimen Stellen nicht aus.

Bitte anschließend deinen Partner, all die falsch gezeichneten Stellen genau zu beschreiben oder selbst zu zeichnen.

6
Hingabe

Was brauchst du, um dich im Bett gehen zu lassen und dich voller Hingabe zeigen zu können?

Was müsste dein Gegenüber dir bieten, damit du dich ihm völlig selbstvergessen zeigen kannst? Beschreibe es detailliert.

7
Unberührtheit

Beschreibe dein erstes Mal. Wie hat es sich angebahnt, wer hat den ersten Schritt gewagt, und wie ist es genau abgelaufen?

8
Visionen

Erzähle deinem Partner, warum du mit ihm zusammen sein möchtest.

Du kannst ihn in den Arm nehmen und ihm leise zärtliche Wünsche und Visionen ins Ohr flüstern.

Deine Worte sollten Nähe und Vertrauen schaffen.

Du hast dafür fünf Minuten.

9
Verteidigung

Wie bekommt dich dein Partner auf keinen Fall ins Bett?

Welche Fehler dürfte dein Mitspieler nie machen, wenn er als Ziel hat, dich ins Bett zu bekommen? Erkläre ziemlich detailliert, was dich alles abturnt und woran du erkennst, dass dein Gegenüber mit Sicherheit nicht dein Fall ist?

Welche Sprüche sind garantiert die falschen?

10
Erwachen

Beschreibe alle sinnlichen Stellen am Körper deines Mitspielers, von denen du vermutest, dass sie erotische Gefühle auslösen.

Anschließend kommentiert dein Partner deine Vermutungen und beschreibt, was tatsächlich jeweils passiert und wie man die Stellen am besten behandeln sollte, damit erotische Gefühle erwachen.

11
Einheit

Wann glaubst du, entsteht die größte Einheit mit deinem Partner?

Beschreibe detailliert, in welchen Momenten und Situationen du dich deinem Partner am meisten verbunden fühlen würdest.

12
Erwartung

Flüstere deinem Partner ins Ohr, welche Vorzüge er hätte, wenn er mit dir schlafen würde. Was kann er alles von dir erwarten?

Dafür hast du vier Minuten.

13
Wunsch

Wenn ich eine völlig fremde Person wäre und wir uns zum ersten Mal begegnen würden und du jeden Wunsch äußern dürftest,
welchen sexuellen Wunsch würdest du an mich richten? Sei ehrlich und ohne Tabus.

14
Hoffnung

Was erhoffst du dir von einer erfüllten Liebesbeziehung?

Welche Gefühle sollen entstehen, welche Bindung, welche Nähe? Aber berichte auch welche Leidenschaftlichkeit du dir erhoffst und welche Tabus du gerne mal berühren würdest.

15
Betrug

Wie oft und wann hast du schon mal jemanden betrogen? Oder daran gedacht? Hat der Gedanke an Betrug auch etwas Sinnliches für dich?

Hast du schon mal jemanden im Bett betrogen, indem du Gefühle vorgetäuscht hast, die gar nicht da waren?

16
Vertrauen

Lasse dir von deinem Partner die Augen verbinden und dich durch die Wohnung führen. Nur durch Worte geleitet, läßt du dich auf seine Führung ein.

Was immer er machen möchte, wirst du tun. Du verlässt dich allein auf seine Worte. Es sollte keine sexuelle Handlung entstehen.

Du hast dafür 10 Minuten.

17
Lust

Wo würdest du am liebsten Sex mit deinem Mitspieler haben wollen?

Beschreibe deinem Mitspieler die Orte, wo du am liebsten mit ihm Sex haben würdest und erkläre, warum du gerade diese Plätze für die gemeinsame Sinnlichkeit vorziehst. Was gibt dir der jeweilige Ort an Vertrautheit, Kitzel oder Reiz?

18
Spaß

Du mußt deinem Mitspieler mindestens drei sinnliche Dinge beichten, die dir extrem peinlich waren. Wann zum Beispiel lief es nicht so, wie du wolltest? Warum hat es nicht funktioniert?

19
Nehmen

Nehmt euch in den Arm. Flüstere deinem Mitspieler mindestens drei Minuten lang ins Ohr, wie liebenswürdig er ist. Wie begehrenswert. Und warum die Welt durch ihn reicher ist.

Dein Mitspieler sagt nichts dazu. Er darf einfach nur nehmen. Er braucht nichts zu erwidern oder zu bestätigen. Er darf in vollen Zügen genießen.

20
Geheimnis

Was ist ein gut gehütetes, intimes Geheimnis von dir?

Erzähle etwas, was du noch niemandem gesagt hast.

21
Unschuld

Was ist noch unschuldig an dir?
Was hast du bisher noch nie gemacht?
Was würdest du gerne mal tun?
Beschreibe auf zarte oder offene Weise, was du gerne noch erleben würdest.

Beschreibe auch, was Unschuld für dich ist. Wie wichtig ist Unschuld für dich? Und wann bist du bereit, deine Unschuld jemandem zu schenken?

22
Geborgenheit

Macht das Licht aus. Nehmt euch in den Arm, ohne eine sexuelle Absicht zu haben.

Schweigt für einige Minuten. Spürt die Ruhe und die Stille. Spürt den gemeinsamen Atem. Es gibt nichts zu tun. Einfach nur da sein. Kein Streicheln. Kein Kuscheln. Einfach nur halten.

23
Flüstern

Wie bekommt dich dein Partner am schnellsten ins Bett?

Erkläre, wie dein Gegenüber es schafft, am schnellsten mit dir ein sinnliches Erlebnis zu bekommen. Welche Tricks gibt es, damit du deine Verteidigung komplett aufgibst? Was wirkt bei dir garantiert?

24
Wahrheit

Welche Dinge würdest du in einem Sexshop kaufen? Zuerst für dich. Und dann für deinen Partner.

Zähle mindestens drei Dinge auf, die du dir vorstellen könntest, in einem Sexshop zu erwerben und beschreibe genau, was du mit ihnen am liebsten machen würdest.

25
Geben

Schenke deinem Partner eine wundervolle Kopf-, Fuß-, oder Rückenmassage.

Erkläre ihm dabei mit sanft verführerischer Stimme, welche Stellen du sonst noch gerne massieren würdest.

26
Mut

Spiele die Filmszene vom Meg Ryan (*Harry und Sally*) im Lokal nach. Täusche einen Orgasmus vor. Aber so, daß dein Partner glauben könnte, es wäre der größte, den du je erlebt hast.

Benutze dabei Worte von denen du glaubst, dein Partner würde sie gerne hören.

27
Verhüllt

Mache einen aufregenden Strip, ohne dich zu entkleiden.

Dein Mitspieler darf die Musik auswählen. Ob schnell oder langsam, zeige dabei deutlich, welche Kleidungsstücke du dabei anscheinend gerade immer ablegst. Schaffe die Illusion, du würdest tatsächlich immer unbekleideter werden.

Dafür hast du 5 Minuten.

28
Begehren

Warum willst du mich jetzt sofort auf der Stelle?

Flüstere deinem Mitspieler drei Minuten lang ins Ohr, warum es einfach jetzt sein muß und keine Sekunde länger warten kann.

Ziel ist es, ihn so zu überzeugen, dass er ebenfalls keine Sekunde länger warten will.

29
Neugier

Stell dir vor, du sitzt mit deinem Mitspieler im Taxi und er erzählt dir, er hätte unter dem Mantel nichts an. Erfinde eine erotische Geschichte, wie es dazu kam. Und vor allem, wie du reagieren würdest.

Entwickelt gemeinsam eine kleine erotische Geschichte und malt euch aus, wo sie euch hinführen würde.

30
Sehnsucht

Welche Sehnsüchte gibt es? Beschreibe, was dir gefallen würde. Was gibt es, was du noch nie zugelassen hast?

Welche Körperteile sind tabu? Für welche Körperteile schämst du dich, würdest aber gerne verschiedene Dinge mal ausprobieren?

31
Freude

Spielt die Szene aus dem Film „*9 ½ Wochen*“ nach.

Dein Partner sitzt mit verbundenen Augen vor dem Eisschrank und muß erraten, welche Dinge er von dir gefüttert bekommt.

Dafür gibt es 9 Minuten.

32
Verständnis

Erkläre, wie dein Orgasmus funktioniert und was du dabei gefühlsmäßig erlebst.

Beschreibe deinem Mitspieler detailliert den Weg dorthin, die Vorfreude, die Körperempfindungen, das Glück und das Ankommen.

33
Berührung

Streichle deinen Partner, ohne ihn zu berühren.

Führe deine Hände über den Körper deines Mitspielers, ohne ihn zu berühren. Da du ihn nicht wirklich berührst, kannst du natürlich vor allem den „verbotenen“ Regionen deine Aufmerksamkeit widmen.

Erzähle ihm dabei eine erotische Geschichte, in der er eine Hauptrolle spielt.

34
Geständnisse

Verschwindet zusammen unter einer Decke. Erzählt euch gegenseitig eure verruchtesten Fantasien! Versucht, euch gegenseitig zu übertreffen.

Dafür habt ihr 5 Minuten.

35
Gegenseitigkeit

Kann dein Partner deine lustvollen Gedanken lesen?

Schreibe auf den nackten Rücken des Partners mit deinen Fingern verschiedene Worte, die deinen größten Wunsch ausdrükken. Dein Mitspieler muß sie erraten können.

Wenn dein Mitspieler antworten möchte, darf er es auch nur auf deinen Rücken schreiben.

36
Offenheit

Wie streichelst du dich selbst?

Beschreibe wie du es machst und woran du dabei denkst.

Was ist deine liebste Masturbationsfantasie?

37
Nacktheit

Verbinde deinem Gegenüber die Augen. Dann zieh dich nackt aus und geh in die Küche. Dort machst du für beide Kaffee oder Tee. Dein Mitspieler darf dich begleiten, aber nicht berühren. Während du Kaffee oder Tee machst, beschreibe deinem Mitspieler, was er nicht sehen kann: dich – nackt in der Küche. Beschreibe ihm, was ihm entgeht.

Zurück an der Spielstätte, gib ihm zu trinken. Bis die Tasse leer ist, darfst du dich nicht bekleiden.

Dann ziehe dich wieder an und nimm deinem Gegenüber die Augenbinde ab.

38
Stellungen

Zeige deinem Mitspieler – im angezogenen Zustand – welche deine fünf Lieblingsstellungen sind. Beziehe bei der Demonstration deinen Partner mit ein.

39
Leidenschaft

Geht in verschiedene Zimmer. Telefoniert.

Ruft euch gegenseitig an und beschreibt, wie ihr es gerne miteinander treiben würdet.

Habt Telefonsex.

40
Spielen

Verbinde deinem Mitspieler die Augen. Dann gib seinen Händen etwas zu spielen. Deine Hände, deine Schulter, deinen Bauch etc. Was immer du willst. Es bleibt ganz deiner Freizügigkeit überlassen. Seine Hände durfen aber nicht selbstständig auf Wanderschaft gehen. Egal wie nahe sie an „gefährlichen“ Stellen liegen.

Nur du kannst sie lenken, ablegen oder woanders hin steuern.

Du hast dafür mindestens fünf Minuten zur Verfügung.

41
Betrachten

Gehe in den Nebenraum, dämpfe das Licht soweit, dass du dich bei der folgenden Aktion wohlfühlst. Zieh dich langsam aus. Völlig. Dein Mitspieler kann dich sehen. Von weitem. Setze dich in Pose. Tu, was immer du dich traust. Laß deinen Mitspieler von weitem daran teilhaben.

Du kannst ihm auch gestatten, dir Anweisungen zu geben. Sei verrucht oder schüchtern. Lass dich dabei von deinem Partner betrachten, als wäre er ein Voyeur.

42
Hören

Verbinde deinem Partner die Augen und binde ihm die Hände auf den Rücken. Dann ziehst du dich vollständig aus und streichelst dich neben ihm. Laß ihn teilhaben an den Geräuschen, die deine Finger machen.

Ohne daß er dich sehen oder fühlen kann.

43
Harmonie

Fordere deinen Partner zu einem frivolen Tanz auf.

Zieht euch gegenseitig aus, ohne den Tanz zu unterbrechen.

44
Geschenk

Dein Mitspieler erzählt dir seine Masturbationsfantasie, und du führst sie vor seinen Augen aus.

45
Tabu

Jeder schreibt auf einen Zettel die fünf liebsten sexuellen Aktionen, die er gerne tun würde.

Danach werden die Zettel getauscht und jeder liest abwechselnd einen Wunsch des Partners vor.

Haben beide den gleichen Wunsch geäußert, wird der Wunsch ausgeführt.

46
Wagnis

Rasiere deinen Partner, wo du gerne möchtest. Wo auch immer. Tu es jetzt.

Ich kann mich
fallenlassen,
weil ich dir
vertrauen kann.

Joker 1

Mit dem Joker kannst du jede deiner Karten deinem Partner überreichen, damit er sie an deiner Stelle ausführt. Auch die von ihm abgelehnte Karte.

Sollte er kneifen, muß er nackt den Abwasch machen.

Joker 2

Stelle eine Frage deiner Wahl. Dein Partner muß dir die Wahrheit sagen. Ganz gleich um welche Frage es sich handelt.

Sollte er kneifen, muß er nackt den Müll raus bringen.

Joker 3

Mit diesem Joker kannst du deinen Partner auffordern, alles zu tun, was du dir von ihm wünschst.

Sollte er kneifen, muß er dich mit dem Auto nackt durch die Gegend fahren.